しゃべらなくても楽しい！

シニアの座ってできる 健康体操50

斎藤道雄 著

黎明書房

はじめに

指示や説明をやめれば体操が楽しくなる！

この本は，
① デイサービスや老人介護施設などの現場で，
② 新型コロナによる外出自粛や，三密（密閉，密集，密接）を避ける
　必要から，
③ 運動不足に陥りやすいシニアと，その支援者が，
④ より安全に，より安心して，より楽しく，
⑤ 体を動かして，健康づくりをするための本です。
⑥ また，シニア自身がおひとりでも活用できます。

いきなり質問です。
あなたの目の前に，体操をしている人がいます。
ひとりは，明るく元気に体を動かしています。
対照的に，もうひとりは，あまり元気そうではありません。

いっしょに体操するなら，どちらの人を選びますか？

ボクなら迷わず，前者です。即答です。
元気が出てきそうだし，見ているだけでワクワクします。
なんといっても，自然に体を動かしたくなります。

これこそが，「しゃべらなくても楽しい体操」のスゴい効果です！

どういうことか？
「しゃべらなくても楽しい体操」には，指示や説明がありません。
コトバを使わないのです。
でも，コトバのほかに使えるもの，何かありませんか？

そうです！

身体。身振り手振りが使えます。

そして，あともうひとつ。はい！
顔。なんとありがたいことに，表情が使えます。

これさえあれば，元気や明るさを表現するのもかんたんです。
それを見た人（シニア）も元気になります。

くわしい体操のしかたは，前著『しゃべらなくても楽しい！　１，２分で
できるやさしい特養体操50』で説明しています。ぜひ，そちらも読んで実践
してください。

このほかにも，こんなにスゴい効用がたくさんあります。
・シニアも支援者も体操が楽しくなる。
・シニアが支援者をよく見るようになる。
・シニアの集中力が高まる。
・シニアの満足度が向上する。
・耳の不自由な人の理解が容易になる。
・支援者の表現力が養われる。
・支援者の説明がなくてもシニアに伝わる。
・支援者が説明しなくてよいので，支援者の負担が軽くなる。
・支援者のレクリーションスキルがアップする。
・レクリエーション活動の質が向上する。
・感染予防にも効果が期待できる。

これらすべて，ボクが実際に現場で体感したものばかりです。

「体操がつまらない」
そう思うのなら，しゃべらないで体操することを強くおススメします。
この本を読んで，もっともっと楽しんで体を動かしましょう！

「コラム」と「おわりに」もぜひ読んでください！
現場の，おもしろくてためになるエピソードが満載です！

この本の10の特長

1　要介護シニアでもできるとてもかんたんでやさしい体操です。

2　とくに，デイサービスや介護施設の現場スタッフなど，
　　シニアの健康づくりの支援者におススメです。

3　もちろん，シニアお一人さまでも，活用できます。

4　しゃべらなくても（説明をしなくても）体操のやり方が
　　身振り手振りで伝わります。

5　道具，準備一切不要です。

6　椅子に腰かけたまま安全に出来ます。

7　かんたんな動作だけで，心身機能が働きます。

8　かんたんに日替わりメニューが出来ます。

9　立ったり，寝転がったりするような，要介護シニアに難しい
　　動作はありません。

10　「みちお先生のワンポイント！」で，楽しんで体操するコツ，
　　運動効果を高める秘訣がわかります。

　※「しゃべらなくても楽しい体操」の効用については，「はじめに」
　　を読んでください。

この本の使い方

1 まずは，おススメの体操をしましょう！

2 気分や体調に合わせて，お気に入りの体操を選びましょう！

3 おススメの体操とお気に入りの体操を自由に入れ替えましょう！

朝の おススメ体操	拳を振り上げよう！→ 14 ページ	
昼の おススメ体操	折りたたみ携帯電話→ 25 ページ	
夜の おススメ体操	ひざ裏たたき→ 46 ページ	

もくじ

Ⅲ　かんたん・楽しい！

① 握力測定

自分の中で一番いい顔をして，出来る限り力強く全部の指を曲げましょう！

ねらいとききめ　　（握力強化）

すすめかた

① 片手を前に出して，手のひらを上にします。

② 出来る限り全部の指を曲げて，力強く手をにぎりましょう！

③ 一休みします。同様に反対の手もしましょう！

みちお先生のワンポイント！

②のときに，呼吸を止めないように。息をはきながらしましょう！

支援者は，自分の中で一番いい顔でしましょう！

② かかとで歩こう！

つまさきを上に持ち上げて，かかとだけで足ぶみしましょう！

ねらいとききめ　（ふくらはぎ強化）（足裏刺激）

すすめかた

① 足を腰幅にひらいて，胸を張りましょう！

② つまさきを上に持ち上げます。かかとだけで足ぶみをしましょう！

③ 8歩足ぶみしたら一休みします。4回繰り返しましょう！

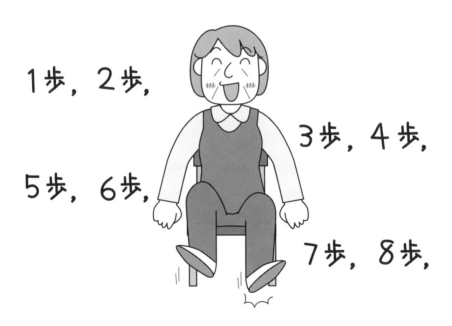

1歩，2歩，
3歩，4歩，
5歩，6歩，
7歩，8歩，

みちお先生のワンポイント！

かかとを軽く床に打つようなつもりでしましょう！
足裏に意識を集中して刺激を感じましょう！

❸ ハッスルポーズ

脇をしめてひじを直角に曲げましょう！　明るく元気にハッスルポーズしましょう！

ねらい と ききめ　(肩の柔軟性維持) (上腕二頭筋強化)

すすめかた

① 　両腕を前に伸ばして，手のひらを上にします。

② 　両手を軽くにぎって，脇をしめて，ひじを後ろに引きましょう！　ひじが直角になるようにしましょう！

③ 　一休みします。4回繰り返しましょう！

みちお先生のワンポイント！

　支援者は，胸を張って，力強く動作しましょう！
　明るく元気に動作する見本をシニアに示しましょう！

④ リズムウォーク

3歩足ぶみして1回拍手，リズミカルに足ぶみしましょう！

ねらいとききめ　（リズム体感）（足腰強化）

すすめかた

① 足ぶみを3歩しましょう！
② 頭の上で両手を1回たたきましょう！
③ この動作を，4回繰り返しましょう！

1, 2, 3

4回
繰り返す

みちお先生のワンポイント！

支援者は，楽しんで動作しましょう！
なるべくオーバーアクションを心掛けましょう！

⑤ 海底散歩

手と足を大きく動かして，水中を歩くように足ぶみしましょう！

ねらいとききめ　足腰強化　肩の柔軟性維持

すすめかた

① 水中を歩く様子を想像して，ゆっくりと足ぶみをしましょう！

② できれば，両手を使って，水をかき分けるような動作も取り入れましょう！

③ 前から後ろに水をかいたり，左右に水をかいたり，腕の動かし方に変化をつけて楽しみましょう！

ゆっくりと
足ぶみ

両手を
使って

みちお先生のワンポイント！

支援者の演技力が大事です。支援者は，オーバーアクションを心掛けましょう！　思わずシニアもマネしたくなります。

❻ 拳を振り上げよう！

指で３つカウントしたあとに，元気に拳を振り上げましょう！

ねらいと**ききめ** （腕のストレッチ）（握力強化）

すすめかた

① 足を肩幅にひらいて，胸を張りましょう！
② 片手を前に出して，指で３つカウントしましょう！
③ その手をグーにして，元気よく腕を上に伸ばしましょう！

みちお先生のワンポイント！

支援者の元気を見ることでシニアも元気になります。
支援者は，元気を出してしましょう！

❼ 足ぶみの達人

胸を張って，腕を前後に大きく振って，元気に足ぶみしましょう！

ねらいとききめ　　〔 足腰強化 〕〔 肩の柔軟性維持 〕

すすめかた

① 　胸を張って，腕を前後に振って，足ぶみをしましょう！

② 　支援者は，自分の中で一番いい顔をして，明るく元気に動作しましょう！

③ 　8歩足ぶみしたら一休みします。4回繰り返しましょう！

1歩，2歩，
3歩，4歩，
5歩，6歩，
7歩，8歩，

みちお先生のワンポイント！

支援者の表情が決め手です。
支援者の元気が，シニアを元気にします。

⑧ 足首さんのおじぎ

両足を一歩前に出して，足首を曲げたり伸ばしたりしましょう！

ねらいとききめ （足首の柔軟性維持）

すすめかた

① 両手をひざに置いて，両足を一歩前に出します。
② かかとをつけたまま，足首を曲げたり伸ばしたりしましょう！（両足同時に）
③ 4回繰り返しましょう！

4回
繰り返す

みちお先生のワンポイント！

②のときに，足のすね（足首の上）に意識を集中しましょう！
両足同時にするのがむずかしいときは，片足ずつしましょう！

⑨ 太ももさんのサンドイッチ

足とひざを閉じて，両手を太ももの間にはさんで押し合いましょう！

ねらいとききめ　（足腰強化）

すすめかた

① 背筋を伸ばして，足とひざを閉じましょう！

② 合掌して，両手を太ももの間にはさんで，太ももで両手を押しましょう！

③ 3つかぞえて力をゆるめます。一休みして，4回繰り返しましょう！

1, 2, 3

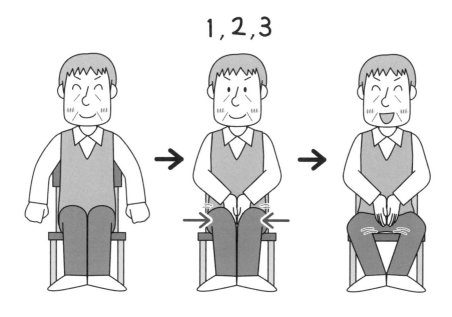

みちお先生のワンポイント！

②のときに，呼吸を止めないように。息をはきながらしましょう！

③のときに，支援者は，指で3つカウントしてシニアに示しましょう！

⑩ 優雅で華麗なスケーター

風を切ってすべるようにアイススケートの気分を味わいましょう！

ねらいとききめ　　足腰強化

すすめかた

① 足を閉じて，つまさきを60度ぐらいにひらきます。

② アイススケートをするつもりで，右足を右斜め前に出して戻しましょう！
　左足も同様にします。

③ この動作を，左右交互に4回繰り返しましょう！

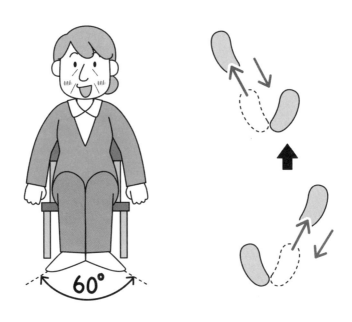

みちお先生のワンポイント！

イメージ力が大事です。
実際に氷の上を滑っているような気分でしましょう！

コラム①

声を出して笑ってはいけない体操

　しゃべらなくても楽しい体操に，思いもよらぬ問題が発生しました。

　体操していると，必ず誰かがおかしなことを言ったり，したりします。
（率先してするのはボクですが）
ふつうなら大爆笑です。

　ところが，今，声を出して笑えないのです。
　とくに「声を出してはいけない」という決まりはありません。
　けれど，感染予防対策として「声を出さない」という認識はあります。
　なので，ボクもシニアも，声は出さずにクスクス笑ってます。

「笑ってはいけない」
そう思えば思うほど，余計に笑いたくなるんです。
何を隠そう，ボクも笑いをこらえるのに必死です。

「声を出して笑ったら罰ゲーム」にしたらおもしそう！　と，思いましたが，間違いなくボクが罰ゲームになります。
　なので，それはやめておこうと思います。

⓫ ばんざいジャンケン体操

両腕を真上に伸ばして，両手でグー，チョキ，パーをゆっくりていねいにしましょう！

ねらいとききめ 〔腕のストレッチ〕 〔手先の巧緻性維持〕

すすめかた

① 足を肩幅にひらいて，両腕を真上に伸ばしましょう！
② 両手でグー，チョキ，パーをゆっくりていねいにしましょう！
③ 一休みします。4回繰り返しましょう！

みちお先生のワンポイント！

②のときに，グーは力強く，パーとチョキは出来る限り全部の指をひらいてしましょう！

⑫ ハンドウェーブ

大きく，小さく，高く，低く，両手を同時に左右に動かしましょう！

ねらいとききめ　（体側のストレッチ）

すすめかた

① 足を肩幅にひらいて，両腕を真上に伸ばしましょう！

② 両手をパーにして，両手を同時に左右に動かしましょう！

③ 大きくしたり小さくしたり，高くしたり低くしたり，ランダムに変えながら，何度か繰り返しましょう！

みちお先生のワンポイント！

肩や腕の力を抜いて，手や腕をやわらかくして動作しましょう！

⓭ げんこつさんのあっちむいてホイ！

片腕をグーにして，上下左右に動かしたり，回したりしましょう！

ねらい と ききめ　(手首の柔軟性維持)(腕のストレッチ)

すすめかた

① 片腕を前に伸ばして，手のひらを下にします。
② その手を軽くにぎり，上下に動かしましょう！
③ 徐々に慣れてきたら左右に動かしたり，回したりしましょう！　手を
　替えて同様にしましょう！

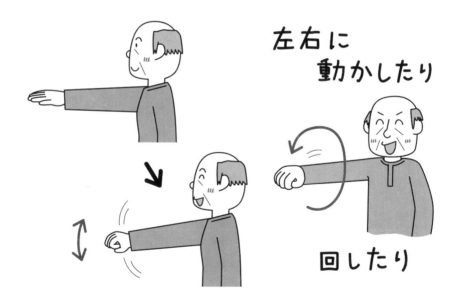

左右に
動かしたり

回したり

みちお先生のワンポイント！

　指に力を入れないようにやさしくにぎりましょう！　手首の動きがやわらかく
なります。

⓮ マネしてハイタッチ！

片腕を上に伸ばして，ハイタッチのマネをしましょう！

ねらいとききめ 〔 腕のストレッチ 〕

すすめかた

① 手を2回たたいて，片腕を上に伸ばしましょう！
② 支援者は，シニアとハイタッチするマネをしましょう！
③ 同様にして，4回繰り返しましょう！

みちお先生のワンポイント！

支援者は，明るく元気に動作しましょう！
支援者の笑顔がシニアを笑顔にします！

⑮ やわらか手首反らし

両手の指を組み合わせて、ゆっくりとていねいに手首を動かしましょう！

ねらいとききめ　（手首の柔軟性維持）

すすめかた

① 胸の前で，両手の指を組み合わせます。

② 手首を折るようにして，左右に曲げましょう！

③ 一休みします。何度か繰り返しましょう！

みちお先生のワンポイント！

　なるべく手指の力を抜いてしましょう！　手を軽くにぎることで，手首の動きがやわらかくなります。

24

⑯ 折りたたみ携帯電話

背筋を伸ばしたまま上体を前に倒して，「く」の字の姿勢をつくりましょう！

ねらいと**ききめ**　　股関節の可動域維持

すすめかた

①　両手を腰に置いて，両足を前に出します。

②　背筋を伸ばして，上体と足が「く」の字になるように，上体を少し前に倒しましょう！

③　一休みします。４回繰り返しましょう！

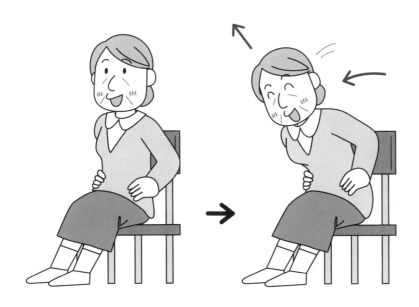

みちお先生のワンポイント！

③のときに，背筋が丸まらないように注意しましょう！
おへそが下を向くようにすると，股関節がよく曲がります。

⑰ 超気持ちいい〜ポーズ

両手をグーにして，両腕を上に伸ばしましょう！　気持ちよく伸び
をしましょう！

ねらいとききめ　（全身の脱力）

すすめかた

① 足を肩幅にひらいて，両腕を上に伸ばします。
② 両手をにぎって，気持ちよく伸びをしましょう！
③ 両腕を下げます。肩と腕の力を抜いてリラックスしましょう！

みちお先生のワンポイント！

とくに支援者は，オーバーアクションでしましょう！
シニアにも気持ちよさが伝わります。

⑱ 直角のポーズ

胸を張って，片腕を真横に伸ばして，反対の腕を真上に伸ばしましょう！

ねらいとききめ 腕のストレッチ 肩の柔軟性維持

すすめかた

① 胸を張って，片腕を真上に伸ばして，手のひらを裏（後ろ）にします。

② 反対の腕は真横に伸ばして，手のひらを上にしましょう！

③ 一休みします。反対側も同様にしましょう！

みちお先生のワンポイント！

①と②のときに，なるべく全部の指をまっすぐにピンと伸ばしましょう！

⑲ キラキラ星

両腕を真上に伸ばして，手のひらを裏と表に動かしましょう！

ねらいと**ききめ** （腕のストレッチ）（手首の柔軟性維持）

すすめかた

① 足を肩幅にひらいて，両腕を真上に伸ばしましょう！
② 両手をパーにして，出来る限りいっぱいに全部の指をひらきましょう！
③ 手のひらを，裏にしたり表にしたりする動作を何度か繰り返しましょう！

みちお先生のワンポイント！

自分の中で一番いい顔で動作しましょう！

㉑ 胸張って！ のポーズ

足を肩幅にひらいて，両手を頭の後ろで組んで，胸を張りましょう！

ねらいとききめ　　（姿勢保持）

すすめかた

① 　足を肩幅にひらいて，両手を頭の後ろで組みましょう！

② 　胸を前に突き出すようなつもりで，胸を張りましょう！

③ 　一休みします。4回繰り返しましょう！

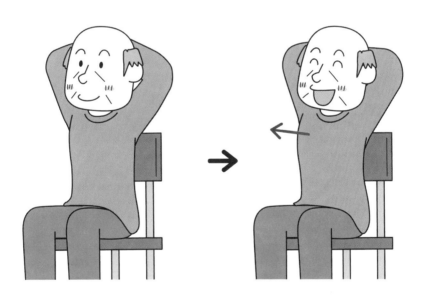

みちお先生のワンポイント！

②のときに，息をはきましょう！

腕が上にあがらない場合は，腰に両手を置いてしてもオッケーです！

㉑ ばんざいひざたたき

両腕を上に伸ばして，両手でひざをやさしくたたく動作を繰り返しましょう！

ねらいとききめ　(腕のストレッチ)(巧緻性維持)

すすめかた

① 胸を張って，両腕を上にまっすぐにピンと伸ばしましょう！
② 両手を下げて，ひざをたたきましょう！
③ この動作を４回繰り返しましょう！

みちお先生のワンポイント！

あまりひざを強くたたきすぎないようにしましょう！
なるべくやさしく両手をひざに置くように意識しましょう！

㉒ 最高のグーパー

胸の前でグー，両腕を真上に伸ばしてパーの動作を繰り返しましょう！

ねらいと**ききめ**　（ 手先の器用さ維持 ）（ 両腕のストレッチ ）

（ すすめかた ）

① 足を肩幅にひらいて，胸の前で両手を軽くにぎりましょう！

② 両腕を真上に伸ばして，両手をパーにしましょう！

③ この動作を４回繰り返しましょう！

みちお先生のワンポイント！

②のときに，出来る限り，全部の指をいっぱいにひらきましょう！

㉓ ゴリラ体操

胸を張って，いい顔をしながら，両手で胸を軽くたたきましょう！

ねらいとききめ 〈 姿勢保持 〉〈 体側のストレッチ 〉

すすめかた

① 足を肩幅にひらいて，胸を張りましょう！
② 両手を軽くにぎって，両手で胸を軽くたたきましょう！　なるべく，ひじが肩と同じ高さになるようにしましょう！
③ 8回たたいて一休みします。4セット繰り返しましょう！

みちお先生のワンポイント！

②のときに，自分の中で一番いい顔で動作しましょう！

㉔ たこやき体操

口を閉じて，左右交互にほっぺたをふくらませてみましょう！

ねらいとききめ　□腔機能維持（こうくう）

すすめかた

① 　両手をひざに置いて，背筋を伸ばします。

② 　口を閉じて，片側のほっぺたをふくらませましょう！

③ 　元に戻します。左右４回ずつ繰り返しましょう！

左右４回ずつ
繰り返す

みちお先生のワンポイント！

余裕があれば，上下にもふくらませてみましょう！

㉕ にらめっこ体操

顔の筋肉をフルに動かして，にらめっこを楽しみましょう！

ねらいとききめ （顔の体操）

すすめかた

① 支援者とシニアでにらめっこをしましょう！
② 自分の中で一番の変顔をしましょう！
③ 笑ったら負けです。

みちお先生のワンポイント！

「声を出して笑ったら負け」としても楽しいです！
自分の中で一番の変顔で勝負しましょう！

㉖ あなたにグーパー

相手に両手を差し出すようにグーパーをしましょう！

ねらいとききめ　（手先の器用さ維持）（腕のストレッチ）

すすめかた

① 両手を胸の前でグーにします。

② 両手をパーにして，両腕を前に伸ばしましょう！　手のひらを上にしましょう！

③ この動作を，「どうぞ！」と差し出すような感じでしましょう！　4回繰り返しましょう！

みちお先生のワンポイント！

支援者は，ニッコリ笑顔でシニアの顔を見てしましょう！

②のときに，支援者が，見本として片ひざをついてみせると，楽しさ倍増です。

㉗ ひじタッチ！

ハイタッチならぬひじタッチをしましょう！

ねらいとききめ 〔肩の柔軟性維持〕

すすめかた

① 片腕を前に伸ばして，軽くひじを曲げましょう！
② ひじを前に出して，支援者のひじと，シニアのひじでタッチするマネをしましょう！
③ 同様にして，反対側もしましょう！

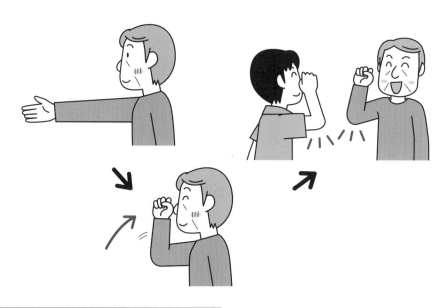

みちお先生のワンポイント！

　左右どちらのひじでしてもオッケーです。支援者は，シニアの顔を見てニッコリ笑ってしましょう！

㉘ ひらいて，パン！

盆踊りをする気分で，リズミカルに両腕を横に伸ばして手をたたきましょう！

ねらいとききめ　　(腕のストレッチ)

すすめかた

① 手のひらを下にして，両腕を横に伸ばしましょう！

② 胸の前で，両手を強めに１回たたきましょう！

③ この動作を４回繰り返しましょう！

みちお先生のワンポイント！

　明るく元気よくすることで楽しさ倍増です。支援者が楽しんですれば，シニアも楽しくなります。

㉙ ゆびきりげんまん体操

小指をまっすぐに伸ばして，ゆびきりするマネを楽しみましょう！

ねらいとききめ　〔 指のストレッチ 〕

すすめかた

① 片手を軽くにぎって，なるべく小指がまっすぐになるようにピンと伸ばしましょう！

② シニアと支援者は，小指同士でゆびきりをするマネをしましょう！

③ 何度か繰り返しましょう！　一休みして，反対の手でもしましょう！

みちお先生のワンポイント！

支援者は，シニアの顔を見ながら，ニッコリ笑顔でしましょう！
シニア一人でするときは，指を伸ばすだけの動作でもオッケーです。

㉚ よーい・ドン！

かけっこするように，つまさきをつけたままでかかとを左右交互に
上げ下げしましょう！

ねらいと**ききめ**　（足腰強化）

すすめかた

① 足を腰幅にひらいて，背筋をまっすぐにピンと伸ばしましょう！

② つまさきをつけたままで，左右交互にかかとを上げたり下げたりしま
しょう！

③ 何度か繰り返したら，ニッコリ笑顔でばんざいでゴールして終わります。

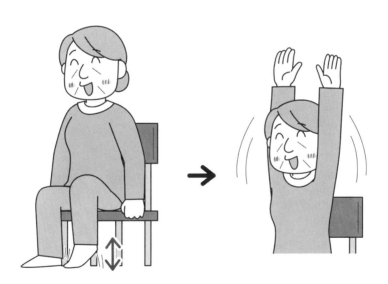

みちお先生のワンポイント！

支援者とシニアがいっしょにかけっこするつもりで楽しんでしましょう！

㉛ よろこびのグータッチ！

手を２回たたいて，両手でグータッチのマネをして楽しみましょう！

ねらいとききめ 〔 肩関節の柔軟性維持 〕

すすめかた

① 胸の前で手を２回たたきます。
② 両手をグーにして，両腕を前に伸ばしましょう。支援者は，シニアとグータッチするマネをしましょう！
③ この動作を４回繰り返しましょう！

みちお先生のワンポイント！

支援者は，ニッコリ笑顔でシニアの顔を見てしましょう！

㉜　笑顔の花を咲かせましょう！

顔の前で合掌したあと，手を左右にひらいてニッコリ笑顔になりましょう！

ねらいとききめ　（胸や手のストレッチ）

すすめかた

① 足を肩幅にひらいて，顔の前で合掌します。

② 手首をつけたままで，両手をパーにして手のひらを左右にひらきましょう！

③ 元に戻します。4回繰り返しましょう！

みちお先生のワンポイント！

②のときに，支援者は，とびっきりの笑顔でしましょう！
ときどき，変顔を混ぜてすると楽しさ倍増です。

㉝ 牛乳体操

胸を張って，片手を腰に置いて，美味しそうに牛乳を飲むマネをしましょう！

ねらいとききめ 姿勢保持

すすめかた

① 足を腰幅にひらいて，胸を張りましょう！
② 片手を腰に置いて，牛乳を飲むマネをしましょう！
③ 最後の一滴まで飲み干したらおしまいです。

みちお先生のワンポイント！

支援者の演技力が重要です。
とても美味しそうに飲む姿を，見本としてシニアに示しましょう！

コラム②

お手伝いスタンプカードで運動不足解消

　ある介護現場では，お手伝いスタンプカードという制度があります。

　シニアが介護現場のお手伝いをしてスタンプを集めると，洗ざいやタオルなどの日用品と交換できるというものです。

　実は，この制度にはものスゴいメリットが３つあります。

①　健康づくりにとてもよい。
②　集団で活動しなくてもよい。
③　働く機会を創造する。
順に説明します。

①　健康づくりにとてもよい。
お手伝いをして体を動かせば，それが運動になります。
お手伝いをして感謝されれば，うれしい気分になります。
心身ともによい影響が期待できます。

②　集団で活動しなくてもよい。
クラブ活動のように，人が集まって活動する必要がありません。
そうすれば感染リスクも減らすことができます。

③　働く機会を創造する。
誰かの役に立つ行動をすることで，その対価を得ることができます。

　運動だけが運動不足解消の手段ではありません。
　運動のかわりに，生活の中で体を動かすように心がけてみてはいかがでしょうか。

㉞ お風呂気分

自分の背中を洗うマネをして，入浴気分を楽しみましょう！

ねらいとききめ 　肩の柔軟性維持　　二の腕のストレッチ

すすめかた

① 　片手を頭の後ろに，反対の手は腰のあたりに置きます。

② 　タオルで背中を洗うようにして，両手を同時に上下しましょう！

③ 　何度か繰り返したら一休みします。手を入れ替えてもう一度しましょう！

みちお先生のワンポイント！

支援者は，「最高にいい気分」のような表情でしましょう！

㉟ ダンサー気分で

プロのダンサーになったつもりで，左右の肩をリズミカルに交互に上下しましょう！

ねらいとききめ　〔肩こり予防〕

すすめかた

① 両腕を下に伸ばします。腕と肩の力を抜いてリラックスしましょう！
② 右肩を上に持ち上げて，元に戻しましょう！
③ 同様に左肩もしましょう！　一休みします。4回繰り返しましょう！

みちお先生のワンポイント！

　徐々に慣れてきたら，「1，2」で上げて，「3，4」で戻すリズムに挑戦してみましょう！

㊱ ひざ裏たたき

片足を一歩前に出して，軽くたたいたり，指圧したりしましょう！

ねらいとききめ 血行促進

すすめかた

① 片足を一歩前に出します。
② ひざの裏を手のひらで軽くたたいたり，指で指圧したりしましょう！
③ 一休みします。同様に，反対の足もしましょう！

みちお先生のワンポイント！

気持ちのよいところがあれば特に念入りにしましょう！　気持ちのよい力加減でしましょう！

㊲ ふくらはぎストレッチ

かかとを前に押し出すようにして，片足を前に伸ばしましょう！

ねらいとききめ　（血行促進）

すすめかた

① 両手で椅子を押さえて，片足を少し持ち上げて前に伸ばしましょう！

② そのままで，かかとを前に押し出しましょう！

③ 一休みします。同様に反対の足もしましょう！

みちお先生のワンポイント！

　足を上に持ち上げるのがむずかしい場合は，足（かかと）を床につけたままでもオッケーです。

47

㊳ 細く長くはきましょう！

鼻から息を吸い込んで，糸のように細く長く口から息をはき出しましょう！

ねらいとききめ 〔全身の脱力〕

すすめかた

① 足を肩幅にひらいて，腕と肩の力を抜いてリラックスしましょう！

② 鼻から息を吸い込みます。口から息をほそ〜くなが〜くはき出しましょう！

③ 一休みします。4回繰り返しましょう！

みちお先生のワンポイント！

息をはくときは，口笛を吹くようにして息を少しずつはきましょう！

㊴ 胸から動かす首の体操

胸から頭を動かすつもりで，首を左右に大きく動かしましょう！

ねらいとききめ　（肩こり予防）

すすめかた

① 両腕を下に伸ばして，腕と肩の力を抜いてリラックスしましょう！
② 頭を左に倒して，左から右にゆっくりとていねいに半周しましょう！
③ 同様に，反対方向にもします。一休みします。4回繰り返しましょう！

左から右に
ていねいに半周

みちお先生のワンポイント！

首だけでなく，胸から頭を動かすつもりでしましょう！
どこかに痛みを感じたらくれぐれも無理をしないようにしましょう！

㊵ 腕のマッサージ

片腕を前に伸ばして，反対の手で軽くたたいてほぐしましょう！

ねらいとききめ 〈腕の血行促進〉

すすめかた

① 片腕を前に伸ばして，手のひらを下にします。

② 反対の手の手のひらで，手首から肩にかけて軽くたたきましょう！

③ 何度か繰り返して一休みします。同様に反対もしましょう！

みちお先生のワンポイント！

気持ちのよい力加減でしましょう！

手をグーにして軽くたたいたり，指で指圧してもオッケーです。

㊶ もしもし体操

親指と小指を出来る限りまっすぐにピンと伸ばして，電話で話す
マネをしましょう！

ねらいと**ききめ**　(指のストレッチ)

(すすめかた)

① 　片手を軽くにぎります。

② 　出来る限り親指と小指をまっすぐにピンと指を伸ばしましょう！

③ 　その手を耳もとにして，電話をするマネをしましょう！　同様に反対の手
もしましょう！

みちお先生のワンポイント！

支援者は，シニアの顔を見て，笑顔で話しかけるようにしましょう！

㊷ ルンルン気分

両手を軽くにぎって，両ひじでわきの下を軽くトントンとたたきましょう！

ねらいとききめ　（血行促進）

すすめかた

① 両手を軽くにぎります。両ひじを直角に曲げましょう！

② 両ひじでわきの下を，トントンと軽くたたきましょう！

③ ２回たたいて一休みします。４セット繰り返しましょう！

トン　　トン

みちお先生のワンポイント！

②のときに，ニッコリ笑顔で動作しましょう！

㊸ 握手体操

大きく握手したり，小さく握手したり，握手のマネをして楽しみましょう！

ねらいとききめ　　（手首の柔軟性維持）

すすめかた

① 支援者は右手を差し出して，シニアと握手するマネをしましょう！

② 握手の上下を，大きくしたり，小さくしたり，動作をランダムに変えながら何度か繰り返しましょう！

③ 少し休みます。同様に左手でもしましょう！

みちお先生のワンポイント！

支援者は，シニアの顔を見てしましょう！
笑顔もお忘れなく！

44 気持ちよすぎる深呼吸

両腕を横に伸ばして，胸を張って，思う存分に深呼吸しましょう！

ねらいとききめ　　胸のストレッチ

すすめかた

① 足を肩幅にひらいて，両腕を横に伸ばして，胸を張りましょう！
② 支援者は，自分の中で一番気持ちよさそうな顔で，深呼吸しましょう！
③ 何度か繰り返しましょう！

みちお先生のワンポイント！

支援者の表情が大事。
支援者がよい表情をすればするほど，シニアの気分もどんどんよくなります。

㊺ 三・三・七拍子体操

応援団になったつもりで，短く，強く，いい音で手をたたきましょう！

ねらいとききめ　リズム体感　手指の血行促進

すすめかた

① なるべくいい音が出るように，手を３回「パン！・パン！・パン！」とたたきましょう！

② 次に同様にして，３回，続いて７回，と手をたたきましょう！

③ この動作を２回繰り返した後に，最後に拍手を短く強めにたくさんして終わりましょう！

みちお先生のワンポイント！

支援者は，応援団になったつもりで，胸を張って，元気に明るく楽しくやりましょう！

㊻ 明るく元気に親指ストレッチ

親指をまっすぐにピンと伸ばして，両腕を前に伸ばしましょう！

ねらいとききめ　〔 腕と指のストレッチ 〕

すすめかた

① 両手を胸の前で軽くにぎります。

② 両腕を前に伸ばしましょう！

③ なるべく親指が真上に伸びるように，まっすぐに両手の親指をピンと
伸ばしましょう！

みちお先生のワンポイント！

支援者は，「イエイ！」と言うつもりで，ノリノリ気分で動作しましょう！

ニッコリ笑顔の人差し指ストレッチ

両手の人差し指をほっぺたにつけて，ニッコリ笑いましょう！

ねらいとききめ　　(指のストレッチ)

すすめかた

① 　足を肩幅にひらいて，両手を前に出して軽くにぎります。

② 　両手の人差し指を，出来る限りまっすぐにピンと伸ばしましょう！

③ 　両手の人差し指をほっぺたにつけて，自分の中で一番の笑顔をしましょう！

みちお先生のワンポイント！

　③のときに，「いー」の口にしましょう！　口が横にひらいて口角が上がります。

㊽ 変顔マッサージ

両手でほっぺたを優しく押さえながら，手で顔の筋肉をやさしく
ほぐしましょう！

ねらいとききめ 〔顔のマッサージ〕

すすめかた

① 左右から顔をはさむように，ほっぺたを両手で優しく押さえましょう！
② 両手同時に上にしたり下にしたりして，顔をマッサージしましょう！
③ 同様に，両手を前後に動かしましょう！

両手を
上に下に

両手を
前に後ろに

みちお先生のワンポイント！

支援者とシニアで，お互いに顔を見せあいっこしながらしましょう！
変顔を楽しんでしましょう！

㊾ 変則グーチョキパー

途中で順序が変わるグーチョキパーを，繰り返しながら覚えましょう！

ねらいとききめ （手先の器用さ維持）（記憶力維持）

すすめかた

① 両手で，グーチョキパーを，ゆっくりとていねいにしましょう！

② 同様にして，パーチョキグーをしましょう！

③ 同様にして，チョキグーパーをしましょう！　それぞれ４回ずつ繰り返しましょう！

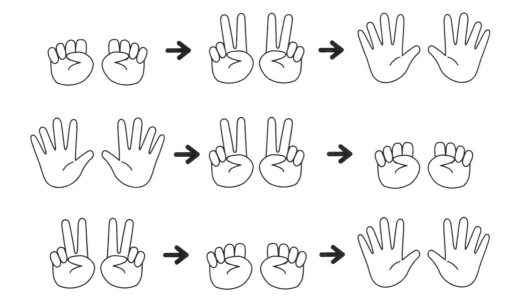

みちお先生のワンポイント！

途中で間違えても気にせずに，楽しんでしましょう！

㊿ 目だけでキョロキョロ

顔は前を向いたままで，目だけを上下左右に動かしてみましょう！

ねらいと**ききめ**　（目の体操）

すすめかた

① 両手を腰に置いて，背筋をまっすぐにピンと伸ばしましょう！
② 顔を前に向けたままで，目だけを左右に動かしましょう！
③ 何度か繰り返して一休みします。同様に上下にも動かしましょう！

みちお先生のワンポイント！

目線を上にしたときに，鼻の下を長く伸ばしてみましょう！
顔の運動になります。さらに変顔になるので，思わず大爆笑です！

おわりに

しゃべらなくても楽しい体操で新しい健康づくり

「先生，会いたかった～」

令和３年２月。
ある現場で，ボクの体操支援が再開しました。
なんと，約一年ぶりです。
しかし，そのよろこびもつかの間。
話を聞くと，深刻な問題がありました。

運動不足やストレスによる心身機能の低下です。

それもそのはず。
外出は週に２回。
１回の外出は 30 分。
レクリエーション活動は書道と生け花だけ。
体を動かしたり，歌ったりするような活動はすべて中止。
しかもそれが１年間です。

「このままではいけない」

ということで，ついに体操再開。
もちろん，しゃべらないでする体操です。
それをはじめて見た現場スタッフはこう話してくれました。

「これならいいですね！」
「（声を出さないので）感染リスクが少なくて安心です」

ほかにも，
マスク着用
間隔を空ける
換気する
人数を制限する
分散する（回数を増やす，時間を短くする）
接触しない
できる限りの感染予防です。

新型コロナの流行から，１年以上が過ぎました。
ある介護現場では，すでに新しい健康づくりが始まっています。
一例をあげます。

・フィットネスルームの新設。
　卓球台やパターゴルフ。かんたんな運動器具の設置。
・お手伝いスタンプカード制度。
　清掃や整理整頓など，生活の中で体を動かす機会を増やす。（コラム②，
43ページ参照）
・ケータリングでの食事。
　分散しながら美味しい食事を楽しむ。
・オンライン体操やオンラインレクの実施
　認知症予防をねらいとした，刺激や変化の機会を設ける。

なんでも自粛。
ではなく，感染予防をしっかり行ったうえで健康づくりを行っています。

　この本が，新しい健康づくりのヒントとして，皆様のお役に立てれば至福の
よろこびです。

　令和３年２月

　　　　　　　　　　ムーヴメントクリエイター　斎藤道雄

著者紹介
●斎藤道雄

体操講師，ムーヴメントクリエイター。
クオリティ・オブ・ライフ・ラボラトリー主宰。
自立から要介護シニアまでを対象とした体操支援のプロ・インストラクター。
　体力，気力が低下しがちな要介護シニアにこそ，集団運動のプロ・インストラクターが必要
と考え，運動の専門家を数多くの施設へ派遣。
　「お年寄りのふだん見られない笑顔が見られて感動した」など，シニアご本人だけでなく，
現場スタッフからも高い評価を得ている。

[お請けしている仕事]
○体操教師派遣（介護施設，幼稚園ほか）　○講演　○研修会　○人材育成　○執筆

[体操支援・おもな依頼先]
○養護老人ホーム長安寮
○有料老人ホーム敬老園（八千代台，東船橋，浜野）
○淑徳共生苑（特別養護老人ホーム，デイサービス）ほか

[講演・人材育成・おもな依頼先]
○世田谷区社会福祉事業団
○セントケア・ホールディングス（株）
○（株）オンアンドオン（リハビリ・デイたんぽぽ）ほか

[おもな著書]
○『しゃべらなくても楽しい！　1,2 分でできるやさしい特養体操 50』
○『しゃべらなくても楽しい！　シニアの心身機能アップ体操 50』
○『しゃべらなくても楽しい！　シニアの 1,2 分間認知症予防体操 50』
○『一人でもできるシニアのかんたん虚弱予防体操 50』
○『シニアの 1,2 分間運動不足解消体操 50』
○『シニアの爆笑あてっこ・まねっこジェスチャー体操』
○『新装版　要支援・要介護の人もいっしょに楽しめるゲーム＆体操』
○『新装版　虚弱なシニアでもできる楽しいアクティビティ 32』
○『少人数で盛り上がるシニアの 1,2 分体操＆ゲーム 50』
○『椅子に腰かけたままでできるシニアのための脳トレ体操＆ストレッチ体操』
○『目の不自由な人も耳の不自由な人もいっしょに楽しめるかんたん体操 25』
○『介護レベルのシニアでも超楽しくできる　声出し！　お祭り体操』（以上，黎明書房）

[お問い合わせ]
ホームページ「要介護高齢者のための体操講師派遣」：http://qollab.online/
ブログ「みちお先生のお笑い介護予防体操！」：http://qollab.seesaa.net/
メール：qollab.saitoh@gmail.com
＊イラスト・さややん。

しゃべらなくても楽しい！　シニアの座ってできる健康体操 50

2021 年 5 月 25 日　初版発行

著　者　斎　藤　道　雄
発行者　武　馬　久仁裕
印　刷　藤原印刷株式会社
製　本　協栄製本工業株式会社

発　行　所　　株式会社　黎　明　書　房

〒460-0002　名古屋市中区丸の内 3-6-27　EBS ビル　☎ 052-962-3045
FAX 052-951-9065　振替・00880-1-59001
〒101-0047　東京連絡所・千代田区内神田 1-4-9　松苗ビル 4 階
☎ 03-3268-3470

落丁本・乱丁本はお取替します。　　　　ISBN978-4-654-07687-1

しゃべらなくても楽しい！　1，2分でできるやさしい特養体操 50

斎藤道雄著　　　　　B5・63頁　1700円

「ひざ太鼓」「両ひざアップダウン」など，支援者のジェスチャーをマネするだけで出来る，特養でも楽しめる体操 50 種を紹介。座ったまま，誰でも簡単に出来るやさしい体操ブックです。2色刷。

しゃべらなくても楽しい！　シニアの心身機能アップ体操 50

斎藤道雄著　　　　　B5・63頁　1700円

ウィズコロナ時代のシニアと支援者が安心して取り組める，「しゃべらないでする」体操を紹介。「ものまねお手玉」など，座ったまま身振り手振りで伝わる体操で，楽しく安全に運動できます。2色刷。

しゃべらなくても楽しい！　シニアの1，2分間認知症予防体操 50

斎藤道雄著　　　　　B5・63頁　1700円

声を出さず，身振り手振りを真似するだけで出来る，ウィズコロナ時代の新しいスタイルの体操 50 種を収録。椅子に座ったまま，ほぼしゃべらなくても，誰でも楽しく運動できます。2色刷。

一人でもできるシニアのかんたん虚弱予防体操 50

斎藤道雄著　　　　　B5・63頁　1700円

「あべこべ腕回し」など，一人～少人数で出来る，コロナ時代に対応した体操 50 種を紹介。体を動かすのが苦手な人も，椅子に座ったまま楽しく虚弱予防！　支援者のためのアドバイス付き。2色刷。

シニアの1，2分間運動不足解消体操 50

斎藤道雄著　　　　　B5・63頁　1650円

椅子に腰かけたまま出来る，シニアの運動不足解消に役立つ体操 50 種を収録。「簡単。なのに，楽しい！」体操で，誰でも飽きずに運動できます。支援者のためのアドバイス付き。2色刷。

シニアの爆笑あてっこ・まねっこジェスチャー体操

斎藤道雄著　　　　　B5・63頁　1650円

簡単，短時間，準備不要！　そんな，三拍子そろった，スタッフもシニアも笑顔になれるジェスチャー体操 50 種を公開。1人で出来る体操から元気に体を動かす体操まで，様々な場面で活用できます。2色刷。

椅子に座ってできるシニアの1，2分間筋トレ×脳トレ体操 51

斎藤道雄著　　　　　B5・64頁　1650円

右手と左手で違う動きを同時にしたり，口で「パー」と言いながら手は「グー」を出したり……，筋トレと脳トレがいっしょにできる体操を 51 種紹介。2色刷。

椅子に座ってできるシニアの1，2分間筋トレ体操 55

斎藤道雄著　　　　　B5・68頁　1650円

ちょっとした空き時間に，椅子に腰かけてでき，道具も不要で，誰もが楽しめる筋トレ体操を 55 種収録。よい姿勢を保つ力，歩く力等がつくなど，生活に不可欠な力をつける体操が満載。2色刷。

新装版　車椅子の人も片麻痺の人もいっしょにできる楽しいレク 30

斎藤道雄著　　　　　B5・70頁　1700円

車椅子の人も片麻痺の人も無理せず楽しめる，動かせる部分を思う存分に動かすレクをイラストを交え 30 種紹介。『車椅子の人も片麻痺の人もいっしょにできる楽しいレク 30 ＆支援のヒント 10』を改題，一部割愛し，新装・大判化。

■ホームページでは，新刊案内など，小社刊行物の詳細な情報を提供しております。「総合目録」もダウンロードできます。
http://www.reimei-shobo.com/